Ensino Fundamental

9º ano

volume anual

empreendedorismo

CONQUISTA
SOLUÇÃO EDUCACIONAL

Curitiba – 2021

Dados Internacionais para Catalogação na Publicação (CIP)
(Maria Teresa A. Gonzati / CRB 9-1584 / Curitiba, PR, Brasil)

O48 Oliveira, Juliana Sanson de.
Conquista : Solução Educacional : empreendedorismo, 9º ano / Juliana Sanson de Oliveira reformulação dos originais de Cláudia R. Escudeiro Cosentino ; ilustrações Eduardo Borges, Lima. – Curitiba : PSD Educação, 2021.
: il.

ISBN 978-85-554109-83-7 (Livro do aluno)
ISBN 978-85-554109-82-0 (Livro do professor)

1. Educação 2. Empreeendedorismo. 3. Ensino fundamental – Currículos. I. Cosentino, Cláudia R. Escudeiro. II. Borges, Eduardo. III. Lima. IV. Título.

CDD 370

Diretor-Geral
Daniel Gonçalves Manaia Moreira

Diretor Editorial
Joseph Razouk Junior

Gerente Editorial
Júlio Röcker Neto

Gerente de Produção Editorial
Cláudio Espósito Godoy

Coordenação Editorial
Jeferson Freitas

Coordenação de Arte
Elvira Fogaça Cilka

Coordenação de Iconografia
Susan R. de Oliveira Mileski

Autoria
Juliana Sanson
Reformulação dos originais de Cláudia R. Escudeiro Cosentino

Edição
HUM Publicações Ltda.

Revisão
Fabio Rocha

Edição de Arte
Fabio Delfino

Projeto Gráfico
Daniel Cabral

Editoração
Vicente Design

Ilustrações
Eduardo Borges e Lima

Pesquisa Iconográfica
Célia Suzuki

Imagem de abertura
©Shutterstock/Flamingo Images

Engenharia de Produto
Solange Szabelski Druszcz

Produção
PSD Educação S.A.
Avenida Nossa Senhora Aparecida, 174 – Seminário
80440-000 – Curitiba – PR
Tel.: (0xx41) 3312-3500
Site: www.conquistaeducacao.com.br

Impressão e acabamento
Gráfica e Editora Posigraf Ltda.
Rua Senador Accioly Filho, 431/500 – CIC
81310-000 – Curitiba – PR
Tel.: (0xx41) 3212-5451
E-mail: posigraf@positivo.com.br
2021

Frutibom sorvetes: uma empresa vencedora

Encontro 1 – Busca de informações

ÓTIMO! QUERIA OUVIR SUA OPINIÃO SOBRE ALGUMAS IDEIAS QUE TIVE.
OPA! NOVAS IDEIAS? CONTA AÍ!
QUERIA ABRIR UMA LOJA PARA COMERCIALIZAR NOSSOS PRODUTOS AQUI NA CIDADE.
INTERESSANTE... JÁ QUE TEMOS UMA INDÚSTRIA DE FABRICAÇÃO DE SORVETES E PICOLÉS E PRODUTOS COM EXCELENTE ACEITAÇÃO NO MERCADO, ABRIR UMA LOJA SERIA ÓTIMO.
ASSIM QUE VOCÊ RETORNAR, ME LIGA, PARA QUE POSSAMOS CONVERSAR.
VOU FALAR COM ANA E VER O QUE ELA PENSA SOBRE ISSO.
COMBINADO! TENHO QUE SAIR AGORA, MAS NA VOLTA NOS FALAMOS.

Encontro 2 – Estratégias

ENTENDI. ENTÃO VOCÊ QUER CONTINUAR VENDENDO SORVETE NA VERSÃO POTE PARA NOSSOS CLIENTES ATUAIS E AMPLIAR O NEGÓCIO PARA PRESTAR OUTRO TIPO DE SERVIÇO, VENDENDO UNIDADES NA CASQUINHA.
ISSO MESMO. DESSA FORMA, NÃO FAREMOS CONCORRÊNCIA DIRETA COM NOSSOS CLIENTES ATUAIS.
PODE SER UMA ESTRATÉGIA INTERESSANTE: AUMENTAR A QUANTIDADE DE CLIENTES NA DISTRIBUIÇÃO E, POR CONSEQUÊNCIA, AUMENTAR O FATURAMENTO.
PODEMOS CONVERSAR COM O PAULO PARA VER O QUE ELE PENSA. AFINAL, ELE É NOSSO GERENTE COMERCIAL.
JÁ FALEI COM ELE. MARCAMOS DE NOS REUNIR HOJE À TARDE. PODE SER?
PODE SER, SIM. VOU ADIANTAR ALGUMAS COISAS E, DEPOIS, FAREMOS A REUNIÃO.
COMBINADO. VOU ATÉ O SETOR DE PRODUÇÃO AGORA.

Encontro 3 – Independência e autonomia

DENTRO DO QUE ESTAMOS PLANEJANDO, UMA LOJA DE DEZ METROS QUADRADOS SERIA UMA BOA PEDIDA.
ANA, QUANTO AO VALOR, TEMOS DINHEIRO PARA INVESTIR?
TEMOS. PORÉM, PRECISAMOS ESCOLHER MUITO BEM O LOCAL DESSA SORVETERIA.
ACHO QUE TEM QUE SER NO CENTRO DA CIDADE.
CONCORDO. E EU VOU BUSCAR MAIS INFORMAÇÕES SOBRE A NOSSA CONCORRÊNCIA.
E EU VOU CONVERSAR COM UM AMIGO MEU, QUE TEM UMA IMOBILIÁRIA, E VER O QUE CONSEGUIMOS.
ENTÃO, A GENTE SE VÊ NA PRÓXIMA REUNIÃO.

Encontro 4 – Persuasão e rede de contatos

EU CONHEÇO O SENHOR BARRETO! SEMPRE QUE VOU À CASA DO ROBERTO, AOS FINAIS DE SEMANA, ELE ESTÁ LÁ. OS DOIS SÃO BEM AMIGOS.
ISSO PODERIA FACILITAR AS COISAS...
CLARO! POSSO PEDIR A ROBERTO QUE FALE COM O ADEMAR BARRETO SOBRE ISSO E QUE O CONVENÇA A ALUGAR O IMÓVEL.
ACHO UMA BOA IDEIA!
BEM, SEGUNDO A PESQUISA QUE FIZ, NO CENTRO DA CIDADE NÃO HÁ NENHUMA SORVETERIA COMO A QUE QUEREMOS MONTAR, TIPO UMA BUTIQUE DE SORVETES.
ISSO É ÓTIMO! DE QUALQUER MANEIRA, VOU CONTINUAR PESQUISANDO OUTROS IMÓVEIS PELA REGIÃO DO CENTRO, ENTÃO.
FAREMOS UMA NOVA REUNIÃO NA SEGUNDA-FEIRA. ASSIM TEREI TEMPO DE FALAR COM ROBERTO.

Encontro 5 – Construindo a rede de contatos

FOI POR ISSO QUE LIGUEI PARA VOCÊ. A IMOBILIÁRIA CONVERSOU COM O ADEMAR, MAS ELE NÃO ESTÁ QUERENDO ALUGAR.
E VOCÊ QUER QUE EU FALE COM ELE, É ISSO?
SIM, VOCÊ PODERIA DIZER QUE É PARA A FRUTIBOM SORVETES, QUE NOS CONHECE, QUE SOMOS BONS PAGADORES E QUE TEREMOS MUITO CUIDADO COM O IMÓVEL DELE.
SE FOR PRECISO, PODEMOS IR JUNTOS PARA CONVERSARMOS COM ELE.
OK, VAMOS FAZER O SEGUINTE: VOU CONVERSAR COM ELE PRIMEIRO. DEPOIS, PODEMOS CONVERSAR OS TRÊS JUNTOS, SE FOR NECESSÁRIO.
MARAVILHA, ROBERTO! AGRADEÇO MUITO A SUA AJUDA. OBRIGADO!
Alguns dias depois...
SENHOR BRUNO, É O SENHOR ROBERTO NA LINHA. POSSO PASSAR A LIGAÇÃO?

Fiador: aquele que se obriga a pagar a dívida ou a cumprir a obrigação de outra pessoa caso esta não a cumpra no tempo e sob as condições dispostas em contrato.

Encontro 6 – Mapa de influência

Encontro 7 – Minha bandeira pessoal

ACHO QUE O EDUARDO TEM RAZÃO. A CLIENTELA DO CENTRO DA CIDADE GOSTA DE COISAS MAIS PRÁTICAS.
AS OUTRAS SORVETERIAS AQUI DO CENTRO ESTÃO SEMPRE CHEIAS.
POIS É. O PRÓPRIO NOME DA LOJA NÃO AJUDA MUITO. "BUTIQUE" É UMA PALAVRA QUE EXPRESSA ALGO QUE, ALÉM DE SOFISTICADO, COSTUMA SER CARO.
EU TAMBÉM TENHO ESSA IMPRESSÃO.
NOSSA! ACHO QUE ERREI FEIO NA ESTRATÉGIA DE COMERCIALIZAÇÃO! BOM, VAMOS VER COMO TRATAR DISSO AGORA. PRECISAMOS MELHORAR OS RESULTADOS.
ESPERO QUE CONSIGAM ENCONTRAR UMA SOLUÇÃO.
SIM, PAULO E EU VAMOS CONVERSAR MELHOR SOBRE ESSA SITUAÇÃO.

Encontro 8 – Planejamento do negócio

Franquia: prática na qual quem tem um modelo de negócio bem-sucedido pode optar por replicá-lo. Quem deseja replicar o modelo de negócio denomina-se franqueador, e aquele que compra o modelo de negócio é designado franqueado.

BOM, PODEMOS AVALIAR AS DUAS ALTERNATIVAS E VER EM QUAL DELAS VALE MAIS A PENA INVESTIR.
VOCÊ PODERIA ESTAR CONOSCO NESSE PROJETO, EDUARDO. O QUE ACHA?
AH, MÃE, ESSA NÃO É A MINHA PRAIA, NÉ? QUERO SER MÚSICO E FAZER FACULDADE DE ARTES CÊNICAS. É DISSO QUE EU GOSTO!
OK, FILHO. O IMPORTANTE É TRABALHAR COM AQUILO QUE GOSTAMOS.
O LANCHE ESTAVA ÓTIMO, MAS TENHO QUE IR. AMANHÃ VOU VISITAR ALGUNS CLIENTES BEM CEDO.
BELEZA, AMANHÃ CONVERSAMOS PARA DARMOS SEQUÊNCIA AO NOVO PROJETO.
COMBINADO! NOS REUNIMOS NA PARTE DA TARDE, ENTÃO.

Encontro 9 – Compartilhamento de informações e recursos

Encontro 10 – Feira de negócios

CREIO QUE ESSE TEMPO NÃO COMPROMETERÁ NOSSOS RESULTADOS.
ENQUANTO ISSO, VOU ACIONAR MINHA REDE DE CONTATOS. QUERO CONVERSAR COM DOIS AMIGOS QUE SÃO EMPRESÁRIOS E QUE ESTÃO TRABALHANDO COM UM SISTEMA DE FRANQUIA.
QUERO CONHECER QUAIS SÃO OS PROCEDIMENTOS E AS EXIGÊNCIAS DOS FRANQUEADORES.
ENFIM, QUAIS SÃO AS CONDIÇÕES NECESSÁRIAS PARA TER UMA FRANQUIA, TANTO POR PARTE DO FRANQUEADOR QUANTO DO FRANQUEADO.
EXCELENTE IDEIA, BRUNO. GOSTARIA DE PARTICIPAR TAMBÉM. É IMPORTANTE TER UMA VISÃO FINANCEIRA DO ASSUNTO.
CLARO, ANA. A VISÃO FINANCEIRA É FUNDAMENTAL. ENTÃO, VAMOS NESSA, PESSOAL?

Encontro 11 – Características de comportamento empreendedor (CCEs)

É, ACHO QUE NÃO AVALIAMOS BEM ESSA QUESTÃO.
E DIGO MAIS. CASO VOCÊ DECIDA MANTER A BUTIQUE DO SORVETE DA FORMA COMO ESTÁ, TERÁ DE MUDAR A LOCALIZAÇÃO OU ACABARÁ TENDO PREJUÍZO.
E SE TRABALHÁSSEMOS COM UMA VARIEDADE MAIOR DE PRODUTOS, OFERECENDO SORVETES COM SABORES DIFERENTES E EXÓTICOS? ISSO NÃO AJUDARIA?
DA MANEIRA COMO ESTÁ, NÃO. VAI AUMENTAR OS CUSTOS E PROVAVELMENTE NÃO TRARÁ MAIS CLIENTES À BUTIQUE DO SORVETE.
E A IDEIA DO SISTEMA DE FRANQUIA?
ESSA É UMA IDEIA QUE DEVE SER ESTUDADA COM MUITA CAUTELA. É POSSÍVEL, MAS É PRECISO TER UM MODELO DE NEGÓCIO BEM-SUCEDIDO PARA SERVIR DE PONTO DE PARTIDA.
BRUNO, QUE TAL CONVERSARMOS AMANHÃ NOVAMENTE SOBRE OS PRÓXIMOS PASSOS?
PERFEITO. PRECISO MESMO ANALISAR BEM TUDO ISSO ANTES DE TOMAR ALGUMA DECISÃO.

Encontro 12 – Feira de negócios: acompanhamento

OLHA, CONHEÇO A SALA. ACREDITO QUE A LOCALIZAÇÃO É ADEQUADA. EXISTEM MUITOS CAFÉS GOURMETS, CAFETERIAS E DOCERIAS POR PERTO.
E ASSIM NÃO PERDERÍAMOS O INVESTIMENTO FEITO NA BUTIQUE DO SORVETE.
SIM, É VERDADE. BRUNO, SUPONDO QUE O NEGÓCIO DÊ CERTO, O QUE VOCÊ PENSA EM FAZER DEPOIS?
SE, COM ESSA MUDANÇA, O NEGÓCIO DER CERTO, PODEMOS USÁ-LO COMO MODELO PARA ABRIRMOS NOSSO SISTEMA DE FRANQUIA.
AH, BOM! ENTÃO TEMOS UM OBJETIVO MAIOR QUE JUSTIFIQUE ESSA MUDANÇA.
ENTÃO, VAMOS POR PARTES. TEMOS DE PLANEJAR ESSAS AÇÕES.
MAS, VAMOS TOMAR UM CAFÉ ANTES! ASSIM RELAXAMOS UM POUCO ANTES DE COMEÇAR ESSE PLANEJAMENTO.

Encontro 13 – Feira de negócios: planejamento da apresentação

ACHO ÓTIMO, POIS O PAULO FICARIA SOBRECARREGADO E VOCÊ PRECISA TER OS OLHOS VOLTADOS AO CRESCIMENTO DA EMPRESA.
VOU FALAR COM A ANA PARA INICIAR O PROCESSO DE CONTRATAÇÃO DESSE PROFISSIONAL.
MARCAMOS UM ENCONTRO PARA O MÊS QUE VEM? ASSIM, VOCÊS TERÃO TEMPO DE CONTRATAR O NOVO GERENTE DE FRANQUIA.

Encontro 14 – Feira de negócios: preparação final

VOCÊS SABIAM QUE EXISTE UMA LEI QUE REGULAMENTA OS CONTRATOS DE FRANQUIA EMPRESARIAL?
POIS É, O ASSUNTO DE FRANQUIA É BEM COMPLEXO. TEMOS QUE CONHECER OS DIREITOS E DEVERES DOS FRANQUEADORES E DOS FRANQUEADOS.
PARA ISTO, ESTOU AQUI. FAREMOS TUDO NA FORMA DA LEI. ESSE É UM ASSUNTO BEM SÉRIO.
BEM, PESSOAL, VOCÊS PODEM CONTINUAR A REUNIÃO SEM MIM. PRECISO IR À ASSOCIAÇÃO DOS EMPREENDEDORES DA CIDADE. FUI CONVIDADO PARA FAZER UMA PALESTRA PARA EMPRESÁRIOS E EMPREENDEDORES.
VIU, CRISTINA? O BRUNO ESTÁ TODO ORGULHOSO E NÃO É PARA MENOS. ELE VAI FALAR SOBRE A HISTÓRIA DE SUCESSO DA FRUTIBOM.
PARABÉNS, BRUNO. SE EU PUDESSE, IRIA ASSISTIR.
O DAMASCENO VAI COMIGO PARA FALAR SOBRE OS PROJETOS FUTUROS E SOBRE A NOSSA FORMA DE ATUAR RELACIONADA AO DESENVOLVIMENTO SUSTENTÁVEL.
ISSO É MUITO IMPORTANTE. NÃO SE PODE CRESCER DE QUALQUER JEITO. A NATUREZA PRECISA SER PRESERVADA.
É ISSO AÍ. PRECISAMOS REDUZIR CUSTOS, USAR MENOS MATÉRIA-PRIMA E UTILIZAR OS RECURSOS NATURAIS DE MODO CONSCIENTE. ATÉ DEPOIS, PESSOAL!

Encontro 15 – Feira de negócios: evento

ENTÃO PROSSEGUIREI COM O PROCESSO DE FECHAMENTO DE CONTRATO.
PARABÉNS PELO SEU TRABALHO, DAMASCENO. ESTAMOS EVOLUINDO.
OBRIGADO, BRUNO.
QUEM DIRIA, HEIN? A PRIMEIRA FRANQUIA! QUERO UMA SUPERINAUGURAÇÃO DESTA LOJA, DAMASCENO.
PRIMEIRO VAMOS FECHAR O CONTRATO COM O NOSSO FRANQUEADO, O SENHOR ADRIANO. DEPOIS FALAMOS DA INAUGURAÇÃO.
ATÉ MAIS, BRUNO!
Na inauguração da franquia da butique do sorvete...
SORVETES

Encontro 16 – Avaliação do negócio e da feira de negócios

Encontro 1 – Busca de informações

hora de agir

1 Reúna-se com colegas em grupo para realizar uma atividade de pesquisa. Vocês deverão escolher uma empresa (preferencialmente que seja tradicional na cidade, como um restaurante, uma loja, um supermercado, etc.) e, depois, buscar algumas informações sobre ela. Vocês receberão orientações gerais sobre esse trabalho e sobre a data de apresentação dos resultados da pesquisa.

O formulário a seguir ajudará na organização das tarefas da pesquisa.

ROTEIRO DE PESQUISA

1. Qual é o nome da empresa (nome real ou nome fantasia)?
2. Qual é o tipo de negócio?
3. Quais são os principais produtos oferecidos atualmente?
4. Eram esses os produtos quando a empresa foi aberta? Se não, quais eram na época?
5. Em que cidade a empresa foi aberta?
6. Quantas e quais pessoas foram envolvidas na abertura do negócio?
7. Essas pessoas ainda atuam no negócio ou hoje há outros responsáveis (outros donos ou familiares)?
8. Como chegaram à decisão de montar esse negócio, ou seja, o que os fez decidir por "este" tipo de negócio e não por outro?
9. Que dificuldades encontraram para abrir o negócio, no início?
10. Houve crescimento da empresa desde que foi aberta? Que expansão foi feita desde a abertura (aumento do espaço físico, filiais, franquia, aumento da diversidade de produtos, aumento do número de funcionários, etc.)?
11. Quantos funcionários a empresa tem hoje?
12. Quais são os principais concorrentes da empresa?
13. Há planos para nova expansão? O que já está previsto?
14. A empresa tornou-se conhecida do grande público na cidade toda (ou estado ou mesmo no país todo), ou apenas dos moradores da região onde ela está instalada?
15. Quais são as principais mudanças que ocorreram desde a sua abertura até agora?
16. Outras informações que o grupo julgar importantes sobre a empresa.

ampliando

Conheça a história de um dos estabelecimentos comerciais mais tradicionais de Curitiba, capital do Paraná: Sorvetes Gaúcho. Leia o texto a seguir e responda às questões propostas.

Há 58 anos, sorvetes gaúcho refresca os curitibanos

O nome oficial é Praça do Redentor, mas o lugarejo no bairro São Francisco, ao lado do Cemitério Municipal, em Curitiba (PR), é conhecido em toda a cidade como Praça do Gaúcho. O apelido vem de um dos estabelecimentos comerciais mais tradicionais da cidade: Sorvetes Gaúcho, que há 58 anos refresca os curitibanos nos dias mais quentes.

A sorveteria preserva muitas características da metade do século XX. Balcão, mesas, cadeiras, maquinário e principalmente as receitas dos gelados mudaram muito pouco desde que o gaúcho Adalberto Pinto dos Santos, natural de Itaqui, mudou-se para Curitiba e comprou o espaço comercial, em outubro de 1954.

Mas quais são os segredos para uma sorveteria sobreviver a 58 invernos curitibanos e se consolidar como uma referência não só do setor, mas de todo um bairro e da própria cidade? Airton dos Santos, um dos filhos do seu Adalberto que hoje administra o negócio, tem a resposta: qualidade, bom preço, simplicidade e toda a tradição do local. "Quem deveria responder a essa pergunta seriam meus pais. Recebemos a coisa montada. Eles nos deram tudo. O prédio, o maquinário, até os clientes. Eu só mantenho o que eles deixaram", ressalta Airton.

©P. Imagens/Pith

História

Foi ao lado da esposa, Nádia Serur dos Santos, que seu Adalberto entrou para o ramo dos sorvetes. Por décadas, o casal cuidou pessoalmente da administração do negócio e da produção. "Este ponto estava à venda e já tinha uma máquina de sorvete. Então foi aberto como bar, mercearia e, por causa da máquina, sorveteria do Gaúcho", conta Airton.

Mas foram os gelados que fizeram o estabelecimento vingar e se tornaram o produto exclusivo a partir dos anos de 1970. Época em que a praça passou por uma grande mudança e ganhou a pista de skate, hoje devidamente conhecida como pista do Gaúcho.

A mesma praça, os mesmos bancos e praticamente os mesmos sabores... São mais de 40 opções, que até hoje seguem a receita da época do seu Adalberto. "Quem faz sorvete é meu irmão e meu primo. Muitas vezes eu quero introduzir alguma coisa ou substituir um produto, mas eles não aceitam. Se compro algo de uma marca diferente, fica aí. Eles não usam", diz Airton.

O preço é mais um convite para experimentar as delícias da casa. "Nos dias de mais movimento, atendemos cerca de 2 mil pessoas", calcula Airton. "O problema é no inverno. Às vezes temos que ficar jogando baralho para passar o tempo."

Convivendo com a sorveteria todos os dias, desde criança, Airton reivindica um título: "em Curitiba não tem ninguém que tomou mais sorvete na vida do que eu". [...]

Fonte: MIRANDA, Cahuê. Há 58 anos, Sorvetes Gaúcho refresca os curitibanos. *Paraná Online*, 5 fev. 2013. Disponível em: <http://www.parana-online.com.br/editoria/cidades/news/648165/?noticia=HA+58+ANOS+SORVETES+GAUCHO+REFRESCA+OS+CURITIBANOS>. Acesso em: 10 mai. 2019.

1 De acordo com o texto, que fatores contribuíram para o sucesso da sorveteria durante tantos anos?

______

______

2 Esses fatores podem ser aplicados em qualquer negócio? De que maneira?

______

______

______

______

______

______

______

______

______

______

______

Encontro 2 – Estratégias

hora de agir

1 Na história, Ana demonstra gostar da ideia de abrir uma loja para vender sorvetes e comenta que isso pode ser uma estratégia interessante. Você sabe qual é o significado da palavra **estratégia**? Veja o que diz o dicionário *Míni Aurélio*:

1. Arte militar de planejar e executar movimento e operações de tropas, navios e (ou) aviões para alcançar ou manter posições relativas e potenciais bélicos favoráveis a futuras ações táticas.
2. Arte de aplicar os meios disponíveis ou explorar condições favoráveis com vista a objetivos específicos.

Qual das duas alternativas acima corresponde melhor à ideia expressa no comentário que Ana fez?

____

2 Na nossa história, Bruno estuda a situação para depois decidir qual será a melhor estratégia, ou seja, a melhor forma para ampliar seu negócio. Se ele não estivesse planejando com cuidado esse novo passo, como poderia ficar a sua empresa? Leia a comparação que Alvin Toffler faz entre uma empresa sem estratégia e um avião numa tempestade para inspirar sua resposta.

> "Uma empresa sem estratégia é como um avião voando em plena tempestade, jogando para cima e para baixo, açoitado pelo vento, perdido entre relâmpagos. Se os relâmpagos ou os ventos não o destruírem, simplesmente ficará sem combustível."
>
> Alvin Toffler

Eduardo Borges. 2019. Digital.

____

____

____

____

____

____

____

____

____

____

____

3 Um empreendedor, quando resolve agir para alcançar seu objetivo, utiliza-se de estratégias. Bruno, nesse papel, quer abrir uma butique de sorvetes para aumentar o faturamento de sua empresa. Mas quais estratégias poderão ser utilizadas por ele? Leia as informações a seguir sobre as principais características das estratégias relacionadas aos negócios e, depois, converse com a turma sobre isso.

Principais características das estratégias:

- devem se basear no resultado da análise do ambiente (mercado, possibilidades da empresa, fornecedores, clientela potencial, dinheiro disponível ou possível de se conseguir, etc.);
- devem criar vantagem competitiva;
- devem ser viáveis e compatíveis com os recursos;
- devem ser coerentes entre si;
- devem buscar o compromisso das pessoas envolvidas;
- devem ter um grau de risco limitado pela empresa;
- devem ser fundamentadas nos princípios da empresa;
- devem ser criativas e inovadoras.

Eduardo Borges. 2019. Digital.

4 Você realizará uma atividade em grupo sobre estratégias. Aguarde as orientações e participe ativamente da dinâmica proposta.

ampliando

Seguindo o roteiro apresentado no encontro anterior, conclua, com os colegas de seu grupo, a pesquisa realizada sobre um negócio tradicional da cidade e, juntos, organizem a apresentação para a turma.

Encontro 3 – Independência e autonomia

se liga nessa!

INDEPENDÊNCIA E AUTONOMIA

As decisões de um empreendedor de sucesso estão sempre baseadas em informações. Ele age assim para reduzir os riscos envolvidos em seu negócio. E tomando decisões corretas vai construindo sua autoconfiança.

Autoconfiança é a capacidade que cada ser humano tem de confiar em si mesmo, como indivíduo e como profissional.

Portanto, as pessoas que se mostram seguras em suas próprias decisões e ações são autoconfiantes e apresentam independência e autonomia em seu comportamento. Elas mantêm seu ponto de vista mesmo diante da oposição ou de resultados inicialmente desanimadores e expressam confiança na sua própria capacidade de completar uma tarefa difícil ou de enfrentar um desafio.

Mas como é possível conseguir isso? Será que existe alguma "receita de bolo"? Falaremos sobre isso adiante.

Eduardo Borges. 2019. Digital.

ampliando

Após a apresentação dos grupos sobre as pesquisas realizadas e seus resultados, responda às questões a seguir.

1 Do que você mais gostou nas apresentações dos outros grupos da turma?

____

____

2 Do que você menos gostou nas apresentações dos outros grupos da turma?

____

____

3 Em relação ao que você aprendeu, o que poderá lhe ajudar em futuras pesquisas e apresentações de trabalhos?

____

____

____

Encontro 4 – Persuasão e rede de contatos

se liga nessa!

Você sabia que, em uma pesquisa realizada pelo psicólogo americano David Clarence McClelland, em 1982, com empreendedores de sucesso, foi identificada uma característica comportamental presente de modo intenso? Essa pesquisa trata de duas características importantes para qualquer empreendedor. Veja quais são elas:

Persuasão e rede de contatos

O empreendedor, para aumentar sua capacidade de realização, utiliza sua rede de contatos. Mas o que é uma rede de contatos e que relação tem com persuasão?

Persuasão

Essa palavra tem origem no latim, *persuadere*, e corresponde a persuadir ou convencer.

A persuasão é feita com argumentos lógicos ou simbólicos. Significa expressar-se ou comunicar-se de tal modo que convença alguém a fazer algo ou até mesmo a tomar certo tipo de atitude.

Ilustrações: Eduardo Borges. 2019. Digital.

Rede de contatos

Refere-se ao conjunto de pessoas que um indivíduo conhece e, principalmente, ao relacionamento que esse indivíduo estabelece com essas pessoas. Esse relacionamento pode ser pessoal, profissional ou comercial.

No mundo dos negócios, as redes de contato são muito importantes para os empreendedores, porque eles precisam ter pessoas ao seu redor para poder crescer e desenvolver sua empresa.

Um termo muito utilizado no meio empresarial, e que também representa rede de contatos, é a palavra em inglês *networking*, na qual *net* significa **rede** e *working* significa **trabalhando.**

ampliando

Quer saber como estabelecer uma rede de contatos? Leia o texto a seguir e, depois, responda às questões.

Como os empreendedores podem construir uma rede de contatos

Saber estabelecer contatos pode ajudar na aproximação com clientes, investidores e parceiros

São Paulo – Todo empreendedor sonha em deixar sua marca, fazer sua empresa aparecer e crescer. Para chegar neste patamar, no entanto, é preciso construir uma boa rede de contatos, que será capaz de conectar o empresário a investidores-anjo, clientes e parceiros importantes para o negócio.

Para Marcelo Miyashita, professor e consultor da Miyashita Consulting, fechar bons acordos depende da capacidade do empreendedor em administrar seus contatos. [...]

Ter paciência e realmente se dedicar ao relacionamento é essencial. “O trabalho de *networking* é difícil porque não é de curto prazo”, conta o especialista. Veja sete dicas de Miyashita para não errar na hora de fazer *networking*.

Ilustrações: Eduardo Borges. 2019. Digital.

1. Leve *networking* a sério

Para Miyashita, uma rede de contatos bem formada é um recurso precioso dos empreendedores, principalmente para aqueles que estão iniciando um negócio. Por isso, assim como preparar-se para a operação e as finanças, o empresário precisa se preparar para o *networking*. [...]

2. Estabeleça pontes

[...]

Quem está começando em um mercado totalmente novo precisa ter mais paciência e buscar pessoas de sua rede que levem até parceiros importantes. [...]

3. Conheça as redes *off-line*

Antes de fazer um trabalho das redes sociais na internet, é importante se conectar com instituições ligadas ao negócio. Elas ajudam a conseguir informações e saber sobre eventos, por exemplo. [...]

4. Participe de eventos

Com informações em mãos, vá para eventos e faça o básico do *networking*, que é trocar cartões. “Precisa circular neste mercado para ficar por dentro de eventos e começar a frequentar essas atividades para estabelecer contatos”, explica Miyashita.

5. Use as redes sociais

Depois do contato pessoal, é hora de aproveitar as redes sociais. "A abordagem é mais direta. Você verifica as pessoas com que precisa fazer relação, constrói um bom texto e convida a se conectar. Isso vale principalmente no LinkedIn", diz. No Facebook e no Twitter, a primeira recomendação é saber se a pessoa usa a rede profissionalmente.

Com a conexão ativa, a hora de mostrar-se é relevante. "Precisa se mostrar *expert* naquele assunto, capaz de fornecer informação, novidade e oportunidade", ensina Miyashita.

Ilustrações: Edua-do Borges. 2019. Digital.

6. Não seja vendedor

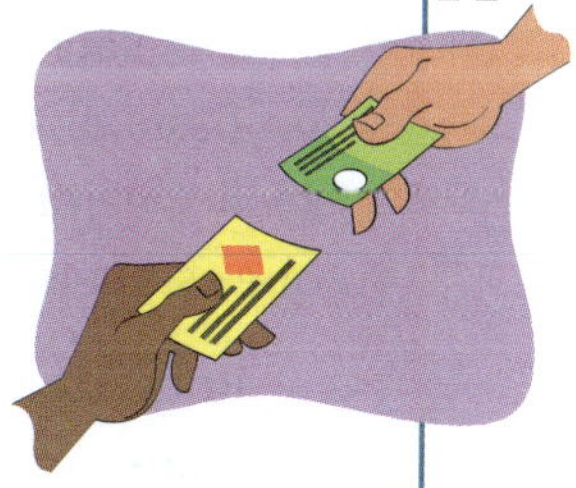

Seja em eventos ou nas redes sociais, o trabalho de *networking* deve ser espontâneo e não forçado. "Contato de relacionamento é diferente de venda. Você não sai fazendo seu *pitch*, contando sua história e falando o que precisa. Tem que se apresentar, trocar cartões e se mostrar relevante, ajudando os outros", afirma o especialista.

A princípio, o contato pode parecer pouco interessante para a empresa, mas a chave é construir relações de longo prazo. [...]

7. Compartilhe informação

A ideia é mostrar-se relevante para ser lembrado e, para isso, é preciso compartilhar conhecimento. [...] Uma boa forma de mostrar conhecimento é participar de grupos em redes sociais e disponibilizar informações sobre o seu mercado.

Fonte: ZUINI, Priscila. Como os empreendedores podem construir uma rede de contatos. *Exame*, 28 nov. 2012. Disponível em: <http://exame.abril.com.br/pme/noticias/como-os-empreendedores-podem-construir-uma-rede-de-contatos?page=3>. Acesso em: 10 jun. 2019.

1 Na sua rede de contatos há mais amigos, familiares ou colegas da escola?

2 Como você constrói sua rede de contatos? (por exemplo, pedindo telefone para os colegas da escola, sendo apresentados(a) a outras pessoas por conhecidos seus, indo a eventos, etc.)

3 Como essa rede de contatos pode ser útil para você?

Encontro 5 – Construindo a rede de contatos

se liga nessa!

Na história, Bruno conseguiu – por meio do contato de Roberto, seu amigo – convencer Ademar a alugar o imóvel para abrir a Butique do Sorvete. Ele usou, de maneira adequada, a sua rede de contatos. Que tal saber um pouco mais sobre isso?

Construindo a rede de contatos

Os relacionamentos que um empreendedor estabelece podem ser construídos com amigos, profissionais da mesma área de atuação, fornecedores, concorrentes, clientes, funcionários, sócios, gerentes de banco, entre outros. O empreendedor cuida e zela por todas as **relações** que estabelece.

Roberto agiu, a pedido de Bruno, como uma **pessoa-chave**. E o mais importante é que ele fez isso porque simplesmente quis fazer. Roberto quis ajudar seu amigo Bruno, sem pedir nada em troca. Assim age o empreendedor de sucesso. Ele sempre busca ser ético e respeitoso consigo próprio, com o outro e com o contexto ao seu redor.

Eduardo Borges. 2019. Digital.

Para o empreendedor, ter a **credibilidade** garantida no mercado em que atua é uma valiosa porta de entrada no mundo dos negócios.

hora de agir

1 Leia a frase do compositor alemão Johannes Brahms sobre confiança. Escreva, com suas palavras, o que você entendeu sobre o significado dessa frase e, depois, troque ideias com a sua turma.

> "A confiança perdida é difícil de recuperar. Ela não cresce como as unhas".
>
> Johannes Brahms

---

2 Você realizará uma atividade sobre rede de contatos. Ao sinal dado, movimente-se pela sala de aula para conversar com os colegas e colher informações e aumente sua rede de contatos. Anote essas informações no formulário apresentado a seguir.

REDE DE CONTATOS

1 Nome: ____

2 Telefone: (   )__________________ Cidade: ______________________________

3 De onde conhece: ______________________________________

4 Conhecidos em comum (cite pelo menos um, se houver)

____

____

____

____

____

5 Em que este contato é "bom"? O que ele faz bem?

____

____

____

____

____

6 Quais redes sociais seu contato utiliza e com que nome ele está registrado em cada rede?

____

____

____

____

____

ampliando

Organize a sua lista de contatos. Se quiser, aproveite os itens do formulário utilizado na atividade em sala de aula.

Quanto mais informações você tiver sobre seus contatos, mais úteis eles poderão ser caso você precise de ajuda.

Você poderá registrar as principais informações no computador ou em uma agenda.

Encontro 6 – Mapa de influência

se liga nessa!

Para ajudar a desenvolver a persuasão e construir uma rede de contatos, você poderá utilizar uma ferramenta para auxiliar a definir uma estratégia em uma situação específica. Mas, atenção! Essa ferramenta só é útil em situações difíceis, que dependam da decisão ou da concordância de alguém sobre quem você tem pouca ou nenhuma influência.

MAPA DE INFLUÊNCIA

O mapa de influência é composto por três esferas, apresentadas a seguir.

Controle – é a esfera do centro, na qual está tudo o que você tem "realmente", o que sabe fazer, o que já realizou, seus conhecimentos, etc. Ou seja, são as coisas que só dependem de você, como informações, experiências, habilidades, realizações, etc. É tudo o que você pode utilizar para influenciar as pessoas da esfera de influência e do meio ambiente.

A influência que você exerce sobre as pessoas pode não ser utilizada em todas as situações ou em todos os momentos. Por isso, as relações do mapa de influência são consideradas específicas para um objetivo determinado.

Eduardo Borges. 2019. Digital.

Influência – é a esfera intermediária, na qual estão pessoas sobre as quais você exerce alguma influência, como as pessoas amigas daquelas com quem você tem grande credibilidade: família, amigos, colegas de trabalho, rede de contatos, etc.

Meio ambiente – é a esfera mais externa do mapa, na qual estão as pessoas sobre as quais você tem pouca ou nenhuma influência, mas que possuem amigos em comuns com você e que poderiam dar credibilidade e conectar você com essas pessoas.

Um exemplo disso seria um gerente de banco que você não conhece e a quem quer pedir um empréstimo. Você não tem influência direta sobre ele, mas ele é muito amigo de uma grande amiga sua, a qual estaria na esfera de influência do gerente e poderia ajudar de alguma forma a conseguir o empréstimo.

hora de agir

1 Que tal praticar? Construa seu mapa de influência para uma situação específica, com base nas orientações a seguir.

a) Pense em um **objetivo** a ser alcançado, que seja difícil e que dependa de pessoas sobre as quais você não tenha influência e que precisem **concordar** com o seu objetivo.

b) Preencha as três esferas específicas, seguindo a ordem indicada.

- primeiro, a(s) pessoa(s) que faz(em) parte do seu **meio ambiente**, ou seja, de quem você depende para alcançar seu objetivo (aquelas que precisam concordar ou aprovar esse objetivo), sobre quem você tem pouca ou nenhuma influência;
- segundo, as pessoas sobre quem você tem **influência**, ou seja, a quem você pode pedir ajuda para convencer quem está na esfera do meio ambiente, para atingir seu objetivo;
- por último, os dados sobre os quais você tem **controle**, ou seja, os argumentos, os comprovantes, a experiência, os indicadores, os resultados, enfim todo o levantamento de dados que você utilizará para convencer as pessoas das outras duas esferas.

c) Com base no mapa de influência construído, defina uma **estratégia** para atingir seu objetivo (é o passo a passo para atingi-lo, considerando o caminho inverso usado para fazer o mapa).

Lembre-se de que os dados colocados nas três esferas deverão estar relacionados **apenas** ao objetivo traçado.

Estratégia

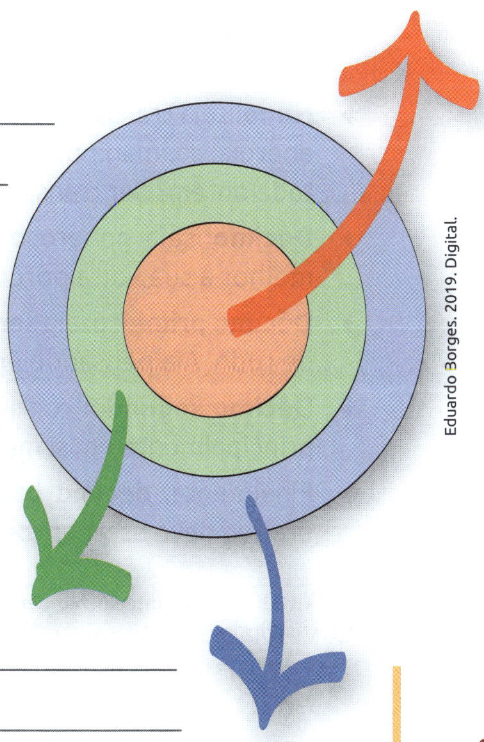

Eduardo Borges. 2019. Digital.

ampliando

Leia o texto a seguir com a indicação dos 13 passos para "fazer acontecer". Reflita sobre as ideias apresentadas e, em seguida, responda às questões propostas.

Caminhos para um efetivo fazer acontecer

[...]

- **Primeiro:** visualize, com detalhes, como se tudo já estivesse realizado – imagine com pormenores o estado desejado. Essa imagem cristalina é algo que irá naturalmente orientá-lo quanto ao que deve ser feito, como começar, etc.
- **Segundo:** dê rapidamente o primeiro passo – confie nos "lampejos" que você tem. Se você sente confiança interior, aja sem hesitação e dê o primeiro passo.
- **Terceiro:** faça tudo de corpo e alma – não seja "morno", "fazendo por fazer". Até o impossível se torna possível quando nos envolvemos integralmente.
- **Quarto:** faça tudo com boa vontade e prazer – a probabilidade de dar certo aumenta tremendamente quando fazemos tudo com a mente alegre.
- **Quinto:** seja otimista – não se deixe influenciar pelos cínicos e pelos pessimistas. Ajude a construir o ideal, a cada dia, dando o passo do dia.
- **Sexto:** concentre-se em seus pontos fortes – em vez de se deixar bloquear por eventuais pontos fracos, ancore-se no que você tem de melhor.
- **Sétimo:** concentre energia – evite desperdiçá-la fazendo as coisas pela metade, ou começando muitos projetos sem nada concluir.
- **Oitavo:** seja natural – não se deixe derrotar pelo "excesso de esforço". Faça o que tem que ser feito e mantenha a tranquilidade interior.
- **Nono:** seja transparente – nem sequer pense desonestamente, pois isso drena sua energia. Já imaginou quanto de energia gastamos para "proteger" a mentira contada ontem? Ser transparente faz multiplicar energia.
- **Décimo:** seja generoso – "a generosidade move montanhas." As coisas fluem melhor à sua volta porque a generosidade faz agir.
- **Décimo primeiro:** aja sempre com justiça, isto é, evite a postura de tirar vantagem de tudo. Aja pensando em benefícios para todos.
- **Décimo segundo:** confie 100% em sua força interior – fazer acontecer exige fé, principalmente em si mesmo.
- Finalmente, **décimo terceiro:** busque excelência, sempre – um fazer acontecer efetivo deve estar ancorado na busca do melhor, do perfeito, do ideal.

Fonte: COMO fazer acontecer. Momento Espírita, 18 nov. 2013. Disponível em: <http://www.momento.com.br/pt/ler_texto.php?id=766>. Acesso em: 5 jun. 2019.

1 Em quais dos itens descritos anteriormente você se considera bom (boa)?

2 Em relação a quais itens você precisaria mudar alguma coisa?

3 O que você precisa fazer para mudar?

4 Faça um planejamento de mudança:

- Itens a mudar?

- Como mudar?

- Prazo para mudar?

- Haverá algum custo financeiro? Se sim, qual valor? Como fazer para conseguir o dinheiro necessário?

- De quem você depende para fazer essas mudanças?

Encontro 7 – Minha bandeira pessoal

hora de agir

1 Na história, após seis meses da abertura da empresa, o negócio não está apresentando os resultados esperados. Ao conversar com Paulo e Eduardo, Bruno começa a reconhecer o erro que cometeu. Copie a frase em que Bruno fala isso.

2 Às vezes, o empreendedor de sucesso mantém seu ponto de vista mesmo quando não obtém, inicialmente, o resultado esperado, pois tem outras informações ou indicadores que demonstram uma possível melhora em seu negócio, ou seja, que o resultado ruim é momentâneo. Você acha que Bruno agiu bem mantendo seu ponto de vista e passando pela experiência de obter um mau resultado ou teria feito algo diferente?

3 A estratégia de comercialização está relacionada com a maneira pela qual os empreendedores oferecem seu produto ou serviço. Por exemplo: se está sendo vendido em local correto; se os preços estão competitivos; como os clientes estão sendo atraídos para comprar, etc. A estratégia de comercialização deve levar em conta sempre os objetivos e as metas da empresa, ou seja, como o empreendedor vai "vender seu peixe" para atingir as metas e os resultados. Qual é o maior problema na estratégia de comercialização da empresa de Bruno?

ampliando

No fim do ano será realizada uma feira de negócios.

Você participará de um grupo que escolherá um negócio e o produto a ser comercializado durante a feira.

Qual tipo de negócio você gostaria de abrir com seu grupo?

Comece a pensar nos produtos que você gostaria de oferecer ao mercado (produto físico ou serviços) para sugerir aos colegas de seu grupo. Na reunião que ocorrerá no próximo encontro, vocês escolherão, dentre os produtos sugeridos, um que será o "coração" do negócio. Aguarde as orientações!

Leia o texto a seguir com as informações gerais sobre uma feira de negócios.

Como aproveitar uma feira de negócios

Grandes eventos são uma ótima oportunidade para descobrir as últimas novidades da área, divulgar o nome e os produtos da sua empresa e, claro, fazer bons negócios

Prospectar clientes, selecionar fornecedores, verificar novidades no mercado, obter treinamento, trocar cartões de visita: visitar **feiras de negócios** pode proporcionar todas essas oportunidades, além de ser uma ocasião especial para divulgar a sua empresa. "A feira é uma importante ferramenta de promoção, porque reúne todo o mercado em um só local, e essas empresas estão dispostas a fazer negócio", afirma Wlamir Bello, consultor de *marketing* do Sebrae-SP. [...]

ANTES

Escolha o evento

O primeiro passo é definir quais são as feiras mais importantes para a sua empresa. [...] "Procure escolher as feiras mais tradicionais do mercado, que costumam atrair seus concorrentes", diz Armando Campos Mello, presidente-executivo da Ubrafe. Depois, é preciso definir quais feiras casam com as metas da empresa. Se o objetivo é ampliar vendas, por exemplo, escolha eventos com um número grande de clientes em potencial. Se você quer conferir tendências, selecione feiras em que as empresas divulguem lançamentos. [...]

DURANTE

Tenha à mão o material

Quem vai à feira como visitante deve estar preparado para andar muito – será difícil carregar amostras de produtos, mas é necessário levar informações sobre a empresa. Cartões de visita, claro, são obrigatórios. [...]

Saia à caça dos negócios

Por reunir diversos expositores em um só lugar, a feira de negócios permite que o empresário compare preços – no caso do visitante que busca fornecedores –, ou ofereça produtos e serviços – para aqueles que procuram clientes. A boa notícia é que, muitas vezes, os expositores apresentam preços e condições especiais. [...] Outra possibilidade é comprar e vender durante as rodadas de negócios, encontros de empresas compradoras e fornecedoras organizados nas próprias feiras. [...]

Explore palestras e cursos

Eventos paralelos à feira, como congressos, minicursos e palestras, podem trazer conhecimento técnico e contatos valiosos. Alguns são pagos à parte e exigem planejamento. [...] Esses eventos são propícios para fazer *networking* com pessoas de interesses semelhantes aos seus, que podem virar clientes ou parceiros no futuro. [...]

Fonte: IWAKURA, Mariana. Como aproveitar uma feira de negócios. *Pequenas Empresas & Grandes Negócios*. Disponível em: <http://revistapegn.globo.com/Revista/Common/0,,EMI223623-17157,00-COMO+APROVEITAR+UMA+FEIRA+DE+NEGOCIOS.html>. Acesso em: 5 jun. 2019.

1 Quais informações no texto que você acabou de ler podem ajudar no seu negócio e na feira de negócios de sua escola?

____

____

____

____

____

____

2 Você já visitou alguma feira desse tipo (de negócios, agropecuária, de estudos e estágios, de animais, etc.)? O que mais chamou a sua atenção?

____

____

____

____

____

3 Qual aspecto da(s) feira(s) que você visitou poderá ser útil na montagem do seu negócio e na apresentação na feira de negócios de sua escola?

____

____

____

____

____

Encontro 8 – Planejamento do negócio

hora de agir

1 Na história, Bruno expressa a vontade de trabalhar com um público que aprecie um bom sorvete e um ambiente mais sofisticado. Portanto, decide que não pode mudar a estratégia de comercialização de sua empresa. Leia, no quadro a seguir, o que um empreendedor de sucesso faz ao tomar uma decisão difícil.

Autoconfiança

Os empreendedores de sucesso **expressam** a sua **autoconfiança** ao deixar claro para as pessoas que são capazes de enfrentar desafios e de realizar tarefas difíceis.

Expressar, neste caso, significa manifestar, demonstrar. O empreendedor comunica por meio da fala e de gestos aquilo que ele é capaz de realizar. Mas é importante entender que esse comportamento, que se refere à autoconfiança, está embasado em dados, fatos e informações. O empreendedor de sucesso busca entender todas as circunstâncias que envolvem uma determinada situação para somente depois se expressar.

Eduardo Borges. 2019. Digital.

- Escreva nas linhas a seguir uma situação em que você precisou tomar uma decisão e teve que expressar a sua autoconfiança.

____

____

____

____

____

____

____

____

2 Você vivenciará uma atividade em grupo em que fará a elaboração do planejamento de trabalho relacionado à montagem e ao funcionamento de um negócio. Aguarde as orientações e participe ativamente da dinâmica proposta.

ampliando

Vamos conhecer um pouco mais sobre o negócio de franquia? Leia o texto sobre as vantagens e desvantagens desse sistema de negócio e reflita sobre a questão proposta.

Franquia: vantagens e desvantagens

Conheça as vantagens e desvantagens desse sistema de negócio

Franquia ou *franchising* empresarial é o sistema pelo qual o franqueador cede ao franqueado o direito de uso da marca ou patente, associado ao direito de distribuição exclusiva ou semiexclusiva de produtos ou serviços.

Vantagens da franquia

Iniciar um negócio contando com a credibilidade de um nome ou marca já conhecida no mercado

Como o franqueador dispõe de um cadastro financeiro respeitável, o franqueado pode usufruir de descontos nos preços, de prazos mais longos e de pagamentos em condições especiais. O franqueado terá também a possibilidade de tirar proveito da vantagem competitiva de seu franqueador, uma vez que seus produtos e (ou) serviços já foram testados no mercado.

Contar com o apoio do franqueador

As chances de um franqueado obter sucesso em seu negócio utilizando-se do sistema de franquia formatada são maiores do que as de uma pessoa que monta um negócio independente. O franqueador já possui uma rede própria de distribuição e o sucesso da marca foi fortalecido após vários testes de produtos. Além disso, o franqueado recebe orientação e treinamento do franqueador, que tem interesse em zelar pelo seu nome (marca).

Existência de um plano de negócio

Na maioria das vezes, o pequeno empreendedor independente não dispõe de tempo e habilidade para prever fatos político-sociais e econômicos que possam afetar o seu negócio. É bom poder contar com o apoio de um franqueador competente, podendo instalar e expandir com menor risco financeiro.

Maior garantia de mercado

O franqueado poderá aproveitar a vantagem competitiva de seu franqueador, que já testou seus produtos e marcas no mercado. Além disso, planejou a sua expansão e é conhecedor do perfil dos clientes. O franqueador também possui informações relevantes com relação ao processo de melhor produzir e (ou) vender e às estratégias de seus concorrentes.

Melhor planejamento dos custos de instalação

Numa franquia formatada, o franqueador calculará e informará o custo a ser rateado com os outros franqueados ao fornecer o projeto arquitetônico e as plantas de engenharia de construção, executar a fiscalização da obra e especificar máquinas e equipamentos.

Dessa forma, oferece o apoio necessário à construção e instalação da nova unidade, tomando por base os custos de sua unidade-padrão. [...]

Economia de escala

Os custos de propaganda serão rateados entre os franqueados da rede. Com isso, haverá uma redução substancial nos investimentos e, ainda, será possível melhorar a qualidade da propaganda. [...]

Independência jurídica e financeira

Apesar de a autonomia não ser total, o franqueado possuirá independência jurídica e financeira em relação ao franqueador. A empresa do franqueado terá sua própria razão social, sendo uma pessoa jurídica distinta, e todas e quaisquer operações financeiras serão de responsabilidade individual dessa empresa.

Possibilidade de pesquisa e desenvolvimento

O custeio da pesquisa e desenvolvimento de novos produtos e (ou) aperfeiçoamento daqueles já existentes caberá inteiramente ao franqueador, que os testará em suas unidades antes de lançá-los na rede.

Desvantagens da franquia

Pouca flexibilidade

Nos sistemas de franquia formatada, os controles sobre as operações do franqueado são constantes e permanentes. O objetivo das auditorias é detectar falhas no cumprimento das obrigações por parte do franqueado, atuando nos controles financeiros e contábeis, assim como no controle de operações, reorientando para o rumo certo na gestão do negócio. [...]

Risco de ocorrência de falhas no sistema

Ao selecionar uma rede de franquias com um sistema problemático, o franqueado pode fazer mau negócio, acarretando problemas operacionais no futuro. Poderá ocorrer o descumprimento de algumas cláusulas do contrato, como atraso na entrega de produtos e equipamentos, deficiência na variedade de produtos, diminuição da rentabilidade prevista e perda de qualidade e (ou) pouca inovação nos produtos comercializados. [...]

Localização forçada

Apesar da possibilidade do franqueado de dar sugestões de locais apropriados para a instalação do ponto de venda, o fato de o franqueador ter a responsabilidade final pela localização faz com que ele, na maioria dos casos, a determine. [...]

Fonte: FRANQUIA: vantagens e desvantagens. Sebrae. Disponível em: <http://www.sebrae.com.br/sites/PortalSebrae/artigos/franquia-vantagens-e-desvantagens,4be89e665b182410VgnVCM100000b272010aRCRD>. Acesso em: 9 jun. 2019.

- Você já ouviu falar de algum **modelo de negócio de franquia**? Compartilhe o que sabe sobre isso com a sua turma no próximo encontro. Registre, nas linhas a seguir, o nome das franquias (lojas de produtos ou serviços) que você conhece.

____

____

Encontro 9 – Compartilhamento de informações e recursos

hora de agir

1 Você participará de uma atividade na qual irá ajudar a compreender a importância do compartilhamento de informações e recursos para um objetivo comum. Aguarde as orientações e participe ativamente da dinâmica.

ampliando

A vida dos empreendedores nem sempre é fácil. Ora os resultados estão ruins, ora estão muito bons. Leia a matéria a seguir e reflita sobre as questões propostas.

Garoto de 15 anos cria prato e produto faz sucesso em rede de supermercados britânica

A Tesco não perdeu tempo em lançar o produto idealizado por Matthew Lilley em toda a Inglaterra

Matthew Lilley, um estudante inglês de apenas 15 anos, tem chamado a atenção de grandes nomes da indústria alimentícia britânica. Em seu primeiro dia em um estágio na rede de supermercados Tesco, ele criou um produto – uma refeição congelada de bife e tomate. O resultado foi tão bem recebido pelos consumidores que a área de produtos da marca resolveu que a ideia seria comercializada por todo o país.

A criação de Lilley já está sendo vendida na rede Tesco [...]. "A invenção aconteceu quase por acidente", contou o jovem ao Daily Mail. "Estávamos provando combinações diferentes de comida e imaginei que bife e tomate combinariam bem."

Lilley se diz animado com a repercussão de sua ideia e comentou que os amigos têm aprovado a receita. O estudante já foi convidado a fazer outro estágio com a Tesco, já que o plano original era apenas de uma experiência de trabalho de duas semanas. Depois do acontecido, a mãe de Matthew contou à imprensa que o jovem criou um plano de carreira na área de criação, na indústria de alimentos, com a ajuda da Tesco, que o aconselhou a cursar administração de empresas. [...]

Fonte: GAROTO de 15 anos cria prato e produto faz sucesso em rede de supermercados britânica. *Pequenas Empresas & Grandes Negócios*. Disponível em: <http://revistapegn.globo.com/Revista/Common/0,,ERT322271-17180,00.html>. Acesso em: 9 jun. 2019.

1 O que aconteceu com Matthew Lilley, na Tesco, para que ele tivesse "sorte" em criar um produto com tanto sucesso na Grã-Bretanha?

2 Você já viu isso acontecer com alguém de sua família ou com amigos? Como foi?

Registre as respostas em seu caderno.

Encontro 10 – Feira de negócios

se liga nessa!

Como criar e manter uma rede de contatos

Também conhecida como rede de relacionamentos, a rede de contatos é muito importante, tanto na vida pessoal quanto na vida profissional.

Veja algumas dicas legais para criar e manter uma boa rede de contatos.

Eduardo Borges. 2019. Digital.

ampliando

Empreendedor também erra! Saiba quais são os erros mais frequentes do empreendedor e, em seguida, reflita sobre as questões propostas.

ERROS FREQUENTES DO EMPREENDEDOR

1. Acreditar que basta uma ideia e dinheiro para ter um negócio

[...]

É necessário perceber que uma ideia não é um projeto: uma ideia não é mais do que um novo uso para um produto, uma alternativa tecnológica para um processo, um novo artigo para comercializar.

Já um projeto exige adicionar à ideia inicial uma reflexão apurada sobre a adequação ao mercado; um trabalho de escuta a potenciais clientes, fornecedores e (ou) sócios; previsões econômicas; reflexão sobre as nossas competências e limitações.

Para passar da ideia ao projeto existe um grande esforço de diagnóstico e de desenho do novo negócio. Se após este trabalho prévio se concluir que o projeto é coerente, vendável e viável do ponto de vista econômico e financeiro, então, juntamente com o dinheiro necessário, será possível criar uma empresa com boas possibilidades de sucesso.

2. Assumir que o mercado é perfeitamente racional e que pensa e age como nós

[...]

Um erro frequente é partir do princípio que os consumidores estarão dispostos a mudar mesmo que isso implique uma alteração no seu estilo de vida e hábitos de consumo.

É preciso estar consciente de que as tendências socioculturais não evoluem em função do nosso projeto. É nossa obrigação antecipar essa evolução e ocupar o nosso espaço no mercado, mas sempre de forma realista, informada e sem excesso de otimismo.

3. Superestimar as suas capacidades

Um erro frequente é superestimar algumas das suas capacidades ou competências, subestimando as dos concorrentes. Nada melhor do que ser realista nesta avaliação para enfrentar da melhor forma os desafios que vão surgindo.

4. Ter dificuldade em assumir as próprias limitações

Procurar o êxito competindo com os grandes, ou no terreno dos grandes, quando se é pequeno, é causa de fracasso de muitas empresas. O segredo está em definir o negócio com consciência das suas limitações.

5. Indefinição na hierarquia da empresa

É tentador, no arranque de um negócio, criar uma "empresa de amigos", sem hierarquia nem chefes. Contudo, é aconselhável pensar, desde o início, a médio e longo prazo. É vital saber quem manda, quem assume responsabilidades,

Eduardo Borges. 2019. Digital.

quem dá a cara, em resumo, definir claramente a hierarquia da organização.

[...]

Eduardo Borges. 2019. Digital.

6. Ter tripulantes demais no barco

Os jovens empreendedores têm uma tendência natural para "engordar" a estrutura da empresa. "Nesta empresa cabem todos" (o irmão, a namorada, o primo, os amigos...). Neste momento da empresa o planejamento deve ser o contrário: a estrutura deve ser a estritamente necessária.

Para ter a certeza de que a estrutura é montada atendendo exclusivamente ao negócio, poderá ser útil responder a algumas questões relativas a cada um dos participantes no projeto:

- O que traz ao projeto (perfil empreendedor, competências técnicas e de gestão, conhecimento do mercado, experiência profissional, carteira de clientes, recursos financeiros, rede de contatos, etc.)?
- Sem este elemento o que é que o projeto perderia?
- É possível substituir este elemento por outro que já esteja no projeto e que tenha competências mais abrangentes?

7. Assumir que inovação é tudo

A inovação por si só é habitualmente encarada como algo positivo na avaliação de uma empresa. A inovação não deve ser um fim em si, mas um meio que:

- origine efetiva criação de valor;
- permita satisfação de necessidades reais do mercado;
- contribua efetivamente para o sucesso do projeto.

[...] Inovação não é só tecnologia: é também gestão, *marketing*, estratégia, serviço, etc. O melhor projeto não tem de ser o mais "tecnológico" ou o mais "atraente". O melhor projeto de empresa é o que funciona e sobrevive.

8. Confundir negócio com produto

Um negócio não é um produto, nem um mercado, nem um processo inovador. Um negócio é tudo isto e muito mais. Um negócio é a conjugação de um "O quê", um "Onde", um "A quem", um "Como", que nos permita satisfazer necessidades concretas. Só com uma resposta integral que considere, ao mesmo tempo, todos estes aspectos o empreendedor pode acertar no desenho da nova empresa.

ERQUIAGA, Eduardo García. Erros frequentes do empreendedor. In: RODRIGUES, Sofia. *Manual técnico do formando*: empreendedorismo. Porto (Portugal): Anje–EduWeb, 2008. (Coleção Ferramentas para o Empreendedor.). Disponível em: <http://www.anje.pt/system/files/items/73/original/Empreendedorismo-v10-final.pdf>. Acesso em: 10 jun. 2019.

1 Você conhece algum empresário que já cometeu algum desses erros?

2 Na sua opinião, quais cuidados devem ser tomados pelos empresários para não cometerem esses erros? Registre as respostas em seu caderno.

Encontro 11 – Características de comportamento empreendedor (CCEs)

se liga nessa!

COMO TOMAR DECISÕES

Eduardo Borges. 2019. Digital.

Você prefere branco ou amarelo? Você quer comer carne ou salada? Você vai estudar agora ou depois? Você vai sair hoje? Você vai viajar nas férias ou deixará para outro momento? Você irá comprar o sapato preto ou o marrom?

Tomar decisões faz parte do dia a dia. É um tema da vida.

Para o empreendedor, não é diferente. Ele se depara o tempo todo com situações em que precisa decidir algo sobre o seu negócio. Às vezes, não é muito fácil. Mas é necessário.

Leia algumas dicas que podem auxiliar no processo de tomada de decisão.

1. Identificar o que se quer, ou seja, qual é o foco.
2. Buscar informações.
3. Analisar as informações, separando o que é favorável do que não contribui; pontos positivos e negativos.
4. Considerar todas as possibilidades.
5. Verificar o que é capaz de fazer e não se esquecer da rede de contatos.
6. Planejar sempre.
7. Ter cautela e analisar os riscos.
8. Aproveitar as oportunidades que estão pela frente.

hora de agir

A seguir, estão apresentadas as dez principais características dos comportamentos empreendedores, trabalhadas ao longo desses encontros. Para cada comportamento, registre um exemplo próprio, real, já vivido.

Se você ainda não teve a oportunidade de vivenciar todos os comportamentos, pense sobre o que poderia servir de exemplo, ou que possa estar relacionado ao negócio que irá apresentar na feira de negócios.

Características dos comportamentos empreendedores (CCEs)

1. Busca de oportunidades e iniciativa

- Toma a iniciativa de fazer as coisas antes do solicitado, ou antes de ser forçado pelas circunstâncias.
- Age para expandir o negócio a novas áreas, produtos ou serviços.
- Aproveita oportunidades fora do comum para começar um negócio, obter financiamentos, equipamentos, terrenos, local de trabalho ou assistência.

Ilustrações: Eduardo Borges. 2019. Digital.

____

____

____

____

2. Exigência de qualidade e eficiência

- Encontra maneiras de fazer as coisas de uma forma melhor, mais rápida ou mais barata.
- Age fazendo coisas que satisfazem ou excedem padrões de excelência.
- Desenvolve ou utiliza procedimentos para assegurar que o trabalho seja terminado a tempo ou que atenda a padrões de qualidade previamente combinados.

____

____

____

____

3. Correr riscos calculados

- Avalia as alternativas e calcula riscos deliberadamente.
- Age para reduzir os riscos ou controlar os resultados.
- Coloca-se em situações que implicam desafios ou riscos moderados.

____

____

____

____

4. Persistência

- Age diante de um obstáculo significativo.
- Age repetidamente ou muda de estratégia, a fim de enfrentar um desafio ou superar um obstáculo.
- Faz um sacrifício pessoal ou despende um esforço extraordinário para completar uma tarefa.

Ilustrações: Eduardo Borges. 2019. Digital.

____

____

____

5. Comprometimento

- Atribui a si mesmo e a seu comportamento as causas de seus sucessos e fracassos e assume a responsabilidade pessoal pelos resultados obtidos.
- Colabora com os empregados ou coloca-se no lugar deles, se necessário, para terminar uma tarefa.
- Esforça-se para manter os clientes satisfeitos e coloca a boa vontade em longo prazo acima do lucro em curto prazo.

____

____

____

6. Estabelecimento de metas

- Estabelece metas e objetivos que são desafiantes e que têm significado pessoal.
- Tem visão de longo prazo, clara e específica.
- Estabelece objetivos de curto prazo, mensuráveis.

____

____

____

7. Busca de informações

- Dedica-se pessoalmente a obter informações de clientes, fornecedores ou concorrentes.
- Investiga pessoalmente como fabricar um produto ou prestar um serviço.
- Consulta especialistas para obter assessoria técnica ou comercial.

____

____

____

Ilustrações: Eduardo Borges. 2019. Digital.

8. Planejamento e monitoramento sistemáticos

- Planeja, dividindo tarefas de grande porte em subtarefas com prazos definidos.
- Constantemente revisa seus planos, levando em conta os resultados obtidos e mudanças circunstanciais.
- Mantém registros financeiros e utiliza-os para tomar decisões.

______

______

______

9. Persuasão e rede de contatos

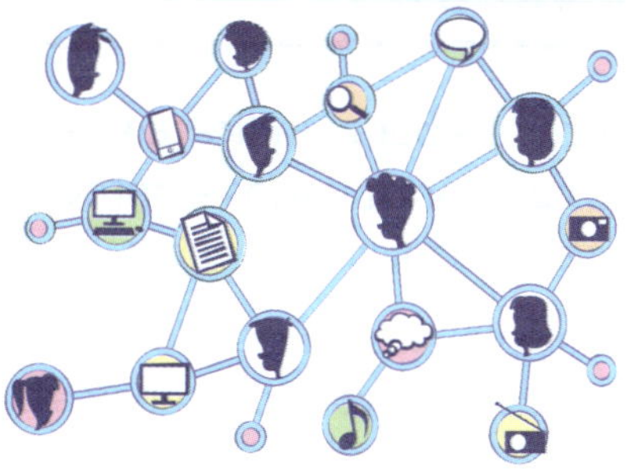

- Utiliza estratégias deliberadas para influenciar os outros.
- Recebe ajuda de pessoas-chave para atingir seus próprios objetivos.
- Age para desenvolver e manter relações comerciais.

______

______

______

10. Independência e autoconfiança

- Busca autonomia em relação a normas e controles de outros.
- Mantém seu ponto de vista mesmo diante da oposição ou de resultados inicialmente desanimadores.
- Expressa confiança na sua própria capacidade de completar uma tarefa difícil ou de enfrentar um desafio.

______

______

______

ampliando

Caso você não tenha terminado em sala a atividade sobre os exemplos relacionados às características dos comportamentos empreendedores, conclua a tarefa em casa.

Encontro 12 – Feira de negócios: acompanhamento

hora de agir

Você participará da reunião de acompanhamento do planejamento do negócio para a feira. Aguarde as orientações e participe ativamente da dinâmica.

ampliando

Você receberá a indicação de um filme para assistir em casa. Esse filme tem um tema ligado aos comportamentos empreendedores, por isso, preste atenção na estrutura narrativa e em seus principais elementos, bem como nos principais personagens e nas situações-chave.

Registre, nas linhas a seguir, os aspectos mais relevantes relacionados ao perfil empreendedor que você percebeu assistindo ao filme indicado.

Encontro 13 – Feira de negócios: planejamento da apresentação

hora de agir

Bruno resolveu usar a Butique do Sorvete como um projeto-piloto para replicar esse modelo e criar um sistema de franquias. Os empreendedores agem assim para reduzir a margem de erro de seus investimentos e para criar padrões de excelência e de qualidade.

Você já ouviu falar em **projeto-piloto**? Sabe do que se trata? Procure no dicionário o significado da palavra "piloto" que melhor corresponda a essa ideia e registre-o nas linhas a seguir.

____

____

____

ampliando

Seja no desenvolvimento ou após a definição de um projeto, o processo criativo é um passo fundamental. Mas e se na hora de fazer alguma coisa der aquele branco? A ansiedade e a falta de confiança em si mesmo tornam-se grandes obstáculos nesse processo. O melhor a fazer é dar um tempo, parar tudo, relaxar e fazer algo completamente diferente. Bagunce um pouco a mente fazendo coisas que até então não pensava em fazer. Você já teve alguma dificuldade quando precisou criar algo? Responda às questões propostas.

1 Você já encontrou alguma dificuldade quando precisou criar alguma coisa (por exemplo, algo para uma festa, uma fantasia, uma poesia, uma letra de música ou em seu dia a dia, em casa ou na escola)? Se sim, o que fez para sair do "bloqueio criativo"?

____

____

2 Quando não estamos bem emocional ou fisicamente, é mais difícil ter ideias diferentes, inovadoras. Quando você encontrou alguma dificuldade citada na pergunta anterior, como você se sentia?

____

____

3 Você já percebeu se o seu estado emocional ou físico interfere na sua criatividade? De que maneira?

____

____

Encontro 14 – Feira de negócios: preparação final

se liga nessa!

DESENVOLVIMENTO SUSTENTÁVEL

> "Atender às necessidades da atual geração, sem comprometer a capacidade das futuras gerações em prover suas próprias demandas".

Essa é a definição de **desenvolvimento sustentável**, que é aquele que não esgota os recursos, que concilia o crescimento econômico com a preservação da natureza e o bem-estar do ser humano.

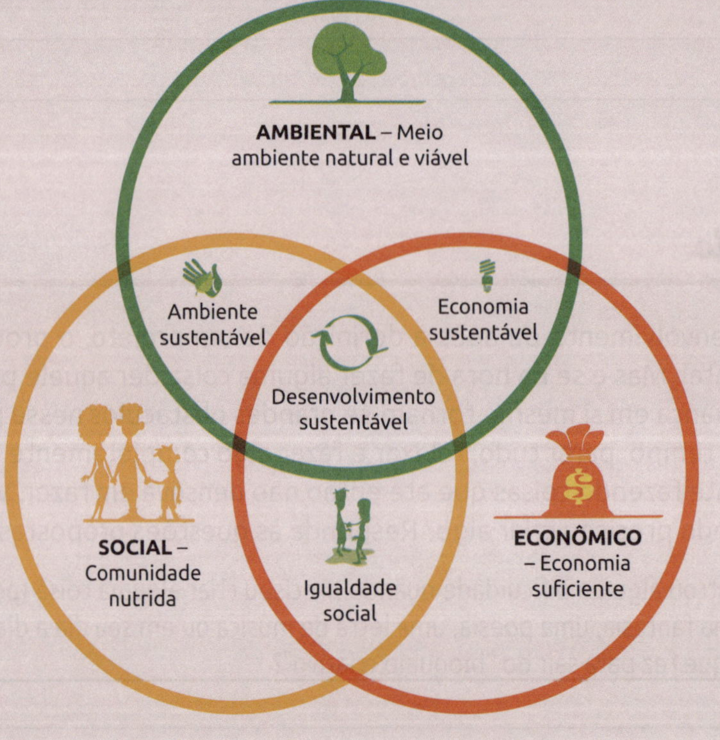

Eduardo Borges. 2019. Digital.

Mas, como atingir o desenvolvimento sustentável?

- Antes de mais nada, é preciso lembrar o óbvio: NOSSOS RECURSOS NATURAIS SÃO FINITOS.

Sim, é isso mesmo, eles acabam!

A ONU revelou dados alarmantes sobre o nosso consumo e chegou a conclusão de que se todos os habitantes da Terra consumissem como os norte-americanos, precisaríamos de mais dois planetas e meio como o nosso.

Sabe o que isso significa? Estamos usando mais recursos naturais do que a natureza consegue repor e, se continuarmos nesse ritmo, não teremos água nem energia suficiente para atender às nossas necessidades. Imagine quanto conflito teremos no mundo quando os recursos naturais começarem a faltar!

- Depois é preciso NÃO CONFUNDIR CRESCIMENTO ECONÔMICO COM DESENVOLVIMENTO!

São coisas distintas. Aquele desenvolvimento que depende do consumo crescente e que estimula atividades econômicas sem considerar o esgotamento de recursos naturais é insustentável.

O desenvolvimento sustentável está baseado em mudanças nos padrões de consumo, ao consumo consciente.

Como surgiu o termo "desenvolvimento sustentável?"

Esse termo foi utilizado pela primeira vez, em 1983, por ocasião da Comissão Mundial sobre Meio Ambiente e Desenvolvimento, criada pela ONU. Essa Comissão era presidida por **Gro Harlem Brundtland**, primeira-ministra da Noruega, e propôs que o desenvolvimento econômico fosse integrado à questão ambiental. Foi assim que surgiu o conceito de "desenvolvimento sustentável".

©Pascal Volery / Reuters / Fotoarena

Em 1987, a Comissão apresentou um diagnóstico dos problemas globais ambientais, conhecido como "**Relatório Brundtland**". Durante a Eco-92 (Rio-92), essa nova forma de desenvolvimento foi amplamente difundida e, assim, o termo ganhou força. Na ocasião, foram assinados a Agenda 21 e um conjunto de documentos e tratados cobrindo biodiversidade, clima, florestas, desertificação e o acesso e uso dos recursos naturais do planeta.

hora de agir

1 Depois de ler o texto sobre desenvolvimento sustentável, escreva abaixo a principal ideia que você pode extrair do texto.

____

____

____

____

____

____

____

____

2 O empreendedor se preocupa em desenvolver e manter seus **relacionamentos comerciais** constantemente. Leia o texto a seguir e responda a questão proposta.

Relacionamentos comerciais, no mundo dos negócios, referem-se à rede de contatos que o empreendedor estabelece com fornecedores, concorrentes, funcionários, gerentes de bancos, sócios, etc. Uma maneira de ampliar a rede de contatos é a participação em associações ou entidades de classe, que se refere a "qualquer conjunto de seres vivos que mantém uma organização coletiva".

Isso quer dizer que é uma entidade, na qual muitas pessoas frequentam com um objetivo em comum. Por exemplo: Associações Comerciais e Industriais, Sindicatos, Associação da Micro e Pequena Empresa, Associação de Aposentados, etc.

Você sabe para que servem as Associações e os sindicatos? Discuta isso com sua turma e, depois, registre as conclusões nas linhas abaixo.

____

____

____

ampliando

Leia o texto a seguir com algumas orientações sobre como começar um pequeno negócio. Aproveite para compartilhar essas informações com seus familiares. Em seguida, responda às questões propostas.

Como começar um negócio sendo um adolescente

Abrir um pequeno negócio é um grande empreendimento que demanda coragem, determinação, criatividade e motivação. Muitos adolescentes têm ótimas ideias e motivação, mas simplesmente não sabem por onde começar quando querem começar um negócio. Abaixo, você verá um guia para adolescentes interessados em começar um pequeno negócio.

Passos

1. Arranje uma determinada quantia de dinheiro para começar. Arrume um emprego, se você já tiver idade para isso, e guarde seu salário em uma poupança. Assim, você não só ganhará dinheiro, mas entenderá o que é trabalhar duro. Você também terá uma ideia de como é trabalhar sob a chefia de alguém. Se herdar algum dinheiro, invista-o em seu negócio.

2. Determine qual será seu produto ou serviço. Escolha algo que o interesse, algo pelo qual se sinta motivado. Se você estiver interessado, seus clientes ficarão interessados também. Tente encontrar um nicho do mercado, um aspecto inexplorado da área que escolher. Tente destacar seus produtos da concorrência oferecendo algo que os concorrentes não têm.

Ilustrações: Eduardo Borges. 2019. Digital.

3. Determine qual será o público-alvo. Observe os concorrentes e analise o público-alvo deles. [...] Faça pesquisas e pergunte às pessoas o que acham de seu conceito de negócio. Não tenha medo de deixar que seu conceito se desenvolva, pois algumas mudanças podem melhorar sua ideia ou deixá-la mais rentável.

4. Faça um Plano de Negócios. Peça para alguém ajudá-lo com isso; um professor ou seus pais ficariam felizes em ajudá-lo. Além disso, para inspirar-se, vá a empresas com produtos ou serviços parecidos com o seu e converse com o dono. [...]

5. Providencie as ferramentas e suprimentos necessários para começar seu negócio, com seus próprios fundos ou empréstimos de outras fontes (novamente, os pais e parentes são boas pessoas para pedir um empréstimo; certifique-se de fazer um contrato para que eles percebam que você está levando a sério). [...]

6. Execute seu plano de negócios. Pergunte a seus amigos se eles gostariam de ajudá-lo ou se gostariam de trabalhar para você. Comece seu negócio e não tenha medo de pedir ajuda.

Dicas

1. Não tenha medo de contar sobre seu negócio para as pessoas. Isso poderá ajudá-lo quando tentar ser reconhecido por seus colegas como um proprietário de uma empresa. Faça com que sua empresa seja o mais formal e profissional possível, tente fazer um *site* para que seus clientes e concorrentes o levem mais a sério. Você também poderá usar o *site* para colocar anúncios de outros produtos de empresas maiores para ganhar um dinheiro extra.

2. Sempre tente ter lucro, mas sua prioridade devem ser os bons serviços e os produtos de qualidade.

3. Certifique-se de não estar gastando mais do que ganha. Se uma limonada custa cinco reais e você a vende por quatro reais e cinquenta centavos, está perdendo dinheiro! Pense em cobrar um valor mais alto ou usar ingredientes mais baratos em sua limonada.

4. Veja se seu negócio tem algo que o faça destacar-se dos outros parecidos.

5. Não contrate pessoas para trabalhar como suas subordinadas antes que tenha certeza que poderá cuidar delas.

6. Não tenha medo de pedir ajuda antes de começar e enquanto estiver trabalhando, mesmo que isso signifique dividir seu dinheiro com um amigo.

Avisos

1. É possível que você perca todos os centavos que investiu em seu negócio, portanto lembre-se de começar com algo pequeno para não ir à falência.

2 Veja se não há um concorrente na área. Se houver, mude um pouco seu negócio, adicione produtos, altere os produtos, faça preços melhores ou melhore a qualidade, lembrando que deve ter lucros.

YUMI, Sakai; SALES, Chrystian. *Como começar um negócio sendo um adolescente.* Disponível em: <http://pt.wikihow.com/Come%C3%A7ar-um-Neg%C3%B3cio-Sendo-um-Adolescente>. Acesso em: 12 jun. 2019.

1 De acordo com o texto, "Sempre tente ter lucro, mas sua prioridade devem ser os bons serviços e os produtos de qualidade". Em sua opinião, como é possível resolver essa questão, ou seja, ter lucro com bons serviços e produtos de qualidade?

2 O texto recomenda: "Veja se seu negócio tem algo que o faça destacar-se dos outros parecidos". Isto denomina-se **diferencial de mercado**. Na sua visão, como os empreendedores podem descobrir o que a concorrência está fazendo para que eles possam fazer algo diferente?

Encontro 15 – Feira de negócios: evento

hora de agir

Participe da feira de negócios realizada na escola, apresentando o negócio escolhido pelo seu grupo.

ampliando

Você e seus colegas de grupo deverão preencher a planilha a seguir com os resultados do negócio que decidiram montar.

PLANILHA DE RESULTADOS DO NEGÓCIO	
Nome da empresa	
Tipo de negócio (comércio, serviço, indústria)	
Produtos (o que foi oferecido ao mercado?)	
Valor total do investimento	
Período de funcionamento da empresa (desde a sua criação até a feira de negócios)	
Faturamento no período (quanto foi vendido, em R$?)	
Resultado financeiro (obteve-se lucro ou prejuízo? De quanto?)	

Encontro 16 – Avaliação do negócio e da feira de negócios

Chegamos na reta final de nossos encontros!

Juntos acompanhamos a história da vida do empreendedor Bruno, de sua equipe, e pudemos perceber os diversos momentos em que ele precisou buscar informações, definir seus objetivos, planejar, analisar os riscos envolvidos e usar sua **persuasão** e **rede de contatos** para se fortalecer e ter a autoconfiança necessária no momento da tomada de decisão.

Nos estudos sobre comportamento empreendedor do pesquisador americano David McClelland, a característica que engloba **independência** e **autoconfiança** é a última característica a ser mencionada. Isso porque essa característica comportamental é resultante da prática de todos os outros comportamentos empreendedores.

Para poder crescer, Bruno utilizou sua equipe de trabalho, entrou em contato com amigos e outros profissionais e buscou conhecer mais pessoas por meio da participação em associações de classe. Essa foi uma trajetória de **sucesso** e a empresa só se sustentou por causa das atitudes empreendedoras de Bruno.

Lima. 2019. Digital.

Na história, também foi possível perceber a preocupação do empreendedor com a questão ambiental. Isso está demonstrado na forma como ele lida com os recursos e com a preocupação com o meio ambiente.

hora de agir

Agora, você realizará uma atividade relacionada aos principais aprendizados deste ano. Participe ativamente da dinâmica proposta!

- Use seu poder criativo.
- Gere novas possibilidades de crescimento pessoal e profissional.
- Busque novas oportunidades.
- Tenha a iniciativa de fazer diferente.
- E faça sempre o melhor aprendendo a desfrutar da vida com sabedoria.

Sucesso!